Micaela and the Dancing Mouse: Bilingual Spanish-English Christmas Stories for Kids

Pomme Bilingual

Published by Pomme Bilingual, 2024.

MICAELA AND THE DANCING MOUSE: BILINGUAL SPANISH-ENGLISH CHRISTMAS STORIES FOR KIDS

First edition. November 21, 2024.

Copyright © 2024 Pomme Bilingual.

ISBN: 979-8230021438

Written by Pomme Bilingual.

Table of Contents

La Estrella de Navidad Perdida

Era la víspera de Navidad. Luisa, una niña pequeña, miraba su bola de nieve mágica. La bola de nieve tenía una estrella brillante dentro, y cada vez que Luisa la agitaba, la estrella brillaba más fuerte. Luisa amaba su bola de nieve y siempre soñaba con tener una estrella real.

Esa noche, la nieve caía muy fuerte. La abuela de Luisa le había dicho que no saliera de casa, pero Luisa quería ver las luces de Navidad en el pueblo. Así que, sin que nadie la viera, salió al jardín.

De repente, un viento fuerte sopló y la nieve cubrió todo. Luisa no podía ver nada. Estaba perdida. Pero, entonces, vio algo brillante en la nieve.

¡Era una estrella!

La estrella brillaba mucho, como la estrella de su bola de nieve, pero estaba en el suelo, y no en el cielo.

"Hola, ¿quién eres?", preguntó Luisa, sorprendida.

"Soy una estrella perdida", dijo la estrella. "No sé cómo llegar al cielo. ¿Puedes ayudarme?"

Luisa decidió ayudar a la estrella. "Vamos a encontrar tu hogar en el cielo", dijo Luisa.

La estrella sonrió. "Gracias, Luisa. Pero, ten cuidado, porque el camino es largo."

Juntos caminaron por la nieve. De repente, encontraron un muñeco de nieve que hablaba.

"¡Hola! ¿A dónde van ustedes dos?", preguntó el muñeco de nieve.

"Vamos a llevar a esta estrella al cielo", dijo Luisa.

El muñeco de nieve sonrió y dijo: "Yo puedo ayudarles. Si siguen el sendero de luz, llegarán al bosque encantado. ¡Allí encontrarán algo que les ayudará!"

Luisa y la estrella siguieron el sendero de luz y llegaron al bosque. Allí, encontraron un reno mágico que podía volar.

"¡Hola! ¿Necesitan ayuda?", preguntó el reno.

"Sí, esta estrella necesita llegar al cielo", dijo Luisa.

"¡Suban a mi espalda! Yo los llevaré al cielo", dijo el reno.

Luisa, la estrella y el reno volaron juntos por el cielo oscuro. Después de un rato, llegaron a una nube brillante.

"Este es mi hogar", dijo la estrella. "¡Gracias, Luisa!"

Luisa sonrió. "¡Me alegra que hayas encontrado tu hogar!"

La estrella brilló más fuerte que nunca, iluminando todo el cielo. Luisa regresó a su casa, donde su abuela la esperaba.

Esa noche, Luisa miró por la ventana y vio la estrella más brillante del cielo. Sabía que esa era la estrella perdida que había ayudado a encontrar su hogar.

The Lost Christmas Star

It was Christmas Eve. Luisa, a little girl, was looking at her magical snow globe. The snow globe had a bright star inside, and every time Luisa shook it, the star would shine brighter. Luisa loved her snow globe and always dreamed of having a real star.

That night, the snow was falling very heavily. Luisa's grandmother had told her not to go outside, but Luisa wanted to see the Christmas lights in the village. So, without anyone seeing her, she went out into the garden.

Suddenly, a strong wind blew, and the snow covered everything. Luisa couldn't see anything. She was lost. But then, she saw something shining in the snow.

It was a star!

The star shone brightly, just like the star in her snow globe, but it was on the ground, not in the sky.

"Hello, who are you?" Luisa asked, surprised.

"I'm a lost star," said the star. "I don't know how to get back to the sky. Can you help me?"

Luisa decided to help the star. "Let's find your home in the sky," said Luisa.

The star smiled. "Thank you, Luisa. But be careful, the journey is long."

Together, they walked through the snow. Suddenly, they met a talking snowman.

"Hello! Where are you two going?" asked the snowman.

"We're taking this star to the sky," said Luisa.

The snowman smiled and said, "I can help you. If you follow the path of light, you'll reach the enchanted forest. There, you'll find something that can help you!"

Luisa and the star followed the path of light and arrived at the forest. There, they met a magical reindeer who could fly.

"Hello! Do you need help?" asked the reindeer.

"Yes, this star needs to get to the sky," said Luisa.

"Climb onto my back! I'll take you to the sky," said the reindeer.

Luisa, the star, and the reindeer flew together through the dark sky. After a while, they arrived at a bright cloud.

"This is my home," said the star. "Thank you, Luisa!"

Luisa smiled. "I'm glad you found your home!"

The star shone brighter than ever, lighting up the whole sky. Luisa returned to her house, where her grandmother was waiting for her.

That night, Luisa looked out the window and saw the brightest star in the sky. She knew that it was the lost star she had helped find its home.

Los Duendecillos y el Árbol de Navidad Gigante

Era la mañana de Navidad en un pequeño pueblo. Los duendecillos, unos pequeños seres mágicos, estaban muy emocionados. Ellos tenían una tarea muy especial: decorar el árbol de Navidad más grande de todo el pueblo. Este árbol estaba en la plaza principal y todos los niños y adultos del pueblo lo verían.

"¡Vamos a decorar el árbol con luces, bolas y estrellas!" dijo el duende líder, Tico, con una gran sonrisa.

Los duendecillos eran muy pequeños, pero muy rápidos y trabajadores. Cada uno tenía una tarea. Algunos colgaban las luces, otros ponían las bolas de colores, y algunos más decoraban con cintas doradas. Todo iba muy bien hasta que, por accidente, uno de los duendecillos, llamado Lito, hizo un pequeño error.

Lito quería poner una estrella en la punta del árbol, pero accidentalmente tocó una rama mágica que no debía tocar. De repente, el árbol comenzó a crecer... ¡y crecer... y crecer!

"¡Oh no! ¡El árbol está creciendo demasiado!" gritó Tico.

El árbol se hacía tan grande que cubría toda la plaza. Las ramas se extendían hasta las casas y las luces brillaban tan fuerte que casi cegaban a las personas. La gente del pueblo empezó a gritar y correr de un lado a otro, asustada.

"¡Tenemos que detener al árbol!" dijo Tico. "¡Es demasiado grande!"

Pero los duendecillos no sabían qué hacer. El árbol era tan alto que no podían alcanzarlo. Las ramas tocaban el cielo y sus raíces se extendían por todo el pueblo.

"¿Cómo vamos a salvar el pueblo?" preguntó Lito, preocupado.

Tico pensó por un momento y dijo: "¡Trabajemos juntos! Si todos nos unimos, podremos arreglarlo."

Los duendecillos se pusieron a trabajar juntos. Usaron magia y mucha cooperación para intentar detener el árbol. Algunos duendecillos usaron hachas pequeñitas para cortar algunas ramas, otros usaron cuerdas para atar las ramas al suelo. Finalmente, Tico usó su magia para hacer que el árbol dejara de crecer.

"¡Lo logramos!" exclamó Tico, cuando el árbol dejó de crecer.

El árbol volvió a su tamaño normal y todos en el pueblo celebraron. Las luces brillaban hermosamente y las decoraciones eran perfectas. La gente del pueblo aplaudió y agradeció a los duendecillos por su trabajo.

"Gracias, duendecillos, por salvar el pueblo y hacer el árbol más bonito de todos," dijo el alcalde, sonriendo.

"¡De nada!" dijeron los duendecillos, felices de haber trabajado juntos.

Esa noche, el árbol de Navidad gigante iluminó el pueblo con su belleza, y todos celebraron la Navidad felices. Los duendecillos aprendieron que, aunque sean pequeños, cuando trabajan en equipo pueden lograr grandes cosas.

The Elves and the Giant Christmas Tree

It was Christmas morning in a small village. The elves, tiny magical beings, were very excited. They had a very special task: decorating the biggest Christmas tree in the whole village. This tree was in the main square, and all the children and adults in the village would see it.

"Let's decorate the tree with lights, baubles, and stars!" said the lead elf, Tico, with a big smile.

The elves were very small, but they were fast and hardworking. Each one had a task. Some were hanging lights, others were putting up colorful baubles, and some more were decorating with golden ribbons. Everything was going well until, by accident, one of the elves, named Lito, made a small mistake.

Lito wanted to put a star on the top of the tree, but he accidentally touched a magical branch that he shouldn't have touched. Suddenly, the tree began to grow... and grow... and grow!

"Oh no! The tree is growing too big!" shouted Tico.

The tree grew so large that it covered the whole square. The branches stretched all the way to the houses, and the lights shone so brightly that they almost blinded people. The villagers started shouting and running around, scared.

"We have to stop the tree!" said Tico. "It's too big!"

But the elves didn't know what to do. The tree was so tall that they couldn't reach it. The branches touched the sky, and the roots spread out across the village.

"How are we going to save the village?" asked Lito, worried.

Tico thought for a moment and said, "Let's work together! If we all join forces, we can fix this."

The elves got to work together. They used magic and a lot of cooperation to try to stop the tree. Some elves used tiny axes to cut a few branches, others used ropes to tie the branches down to the ground. Finally, Tico used his magic to stop the tree from growing.

"We did it!" shouted Tico when the tree stopped growing.

The tree returned to its normal size, and everyone in the village celebrated. The lights shone beautifully, and the decorations were perfect. The villagers clapped and thanked the elves for their work.

"Thank you, elves, for saving the village and making the most beautiful tree of all," said the mayor, smiling.

"You're welcome!" said the elves, happy to have worked together.

That night, the giant Christmas tree lit up the village with its beauty, and everyone celebrated Christmas happily. The elves learned that, even though they were small, when they worked together, they could achieve great things.

El Villancico del Lobo

Había una vez un lobo llamado Lupo. Lupo vivía en el bosque, pero siempre se sentía solo. No tenía familia ni amigos. A él no le gustaba la Navidad porque todos los animales celebraban con sus familias, y Lupo no tenía a nadie.

"¿Por qué todos son tan felices en Navidad?" pensaba Lupo mientras caminaba por el bosque. "Yo no tengo a nadie con quien compartirla."

Una noche, mientras caminaba solo, Lupo escuchó una hermosa canción. Venía de un grupo de animales que cantaban villancicos cerca de un árbol grande. Había ciervos, conejos, zorros y hasta ardillas, todos cantando y riendo juntos.

Lupo se acercó en silencio, sin querer interrumpir. Se quedó detrás de un árbol, escuchando la música. Los animales estaban muy felices, pero Lupo se sentía triste porque no tenía a nadie con quien cantar.

De repente, uno de los conejos vio a Lupo y gritó: "¡Hola, Lupo! ¿Por qué no te unes a nosotros? ¡Estamos cantando villancicos!"

Lupo se sorprendió. "¿Unirme a ustedes? No quiero molestar... Yo soy un lobo, no sé cantar villancicos."

Los animales sonrieron y le dijeron: "No importa que seas un lobo. Todos pueden cantar en Navidad. La Navidad es para todos."

Lupo pensó por un momento. "¿De verdad puedo unirme a ustedes?"

"¡Claro que sí!" dijo el zorro, dándole una pata amigable.

Entonces, Lupo se acercó al grupo de animales. Al principio, se sentía un poco nervioso, pero cuando empezó a cantar con ellos, se dio cuenta de que no importaba si su voz no era perfecta. Lo importante era estar juntos, compartir y ser amigos.

Cantaron villancicos toda la noche, y Lupo se sintió muy feliz. Nunca había experimentado algo así. La Navidad no se trataba de tener una familia perfecta, sino de estar con amigos y compartir amor y alegría.

Al final de la noche, los animales se sentaron alrededor de una fogata. Lupo miró las estrellas y sonrió.

"Gracias, amigos", dijo Lupo, "por mostrarme lo que es realmente la Navidad. Ahora sé que no importa si estoy solo o no. Lo más importante es la amistad y el amor que compartimos."

Los animales aplaudieron y dijeron: "¡Feliz Navidad, Lupo!"

Desde esa noche, Lupo ya no se sintió solo. Sabía que, aunque no tuviera una familia, tenía muchos amigos con quienes compartir la Navidad. Y cada año, Lupo cantaba villancicos con sus amigos en el bosque, feliz de haber encontrado el verdadero significado de la Navidad.

The Wolf's Christmas Carol

Once upon a time, there was a wolf named Lupo. Lupo lived in the forest, but he always felt lonely. He had no family or friends. He didn't like Christmas because all the animals celebrated with their families, and Lupo had no one.

"Why is everyone so happy at Christmas?" thought Lupo as he walked through the forest. "I have no one to share it with."

One night, while walking alone, Lupo heard a beautiful song. It came from a group of animals singing Christmas carols near a big tree. There were deer, rabbits, foxes, and even squirrels, all singing and laughing together.

Lupo quietly approached, not wanting to interrupt. He stayed behind a tree, listening to the music. The animals were very happy, but Lupo felt sad because he had no one to sing with.

Suddenly, one of the rabbits saw Lupo and shouted, "Hey, Lupo! Why don't you join us? We're singing Christmas carols!"

Lupo was surprised. "Join you? I don't want to bother you... I'm a wolf, I don't know how to sing Christmas carols."

The animals smiled and said, "It doesn't matter that you're a wolf. Everyone can sing at Christmas. Christmas is for everyone."

Lupo thought for a moment. "Really? Can I join you?"

"Of course!" said the fox, giving him a friendly paw.

Then, Lupo walked up to the group of animals. At first, he felt a little nervous, but when he started to sing with them, he realized that it didn't matter if his voice wasn't perfect. What mattered was being together, sharing, and being friends.

They sang Christmas carols all night, and Lupo felt very happy. He had never experienced anything like it. Christmas wasn't about having a perfect family; it was about being with friends and sharing love and joy.

At the end of the night, the animals sat around a campfire. Lupo looked at the stars and smiled.

"Thank you, friends," said Lupo. "For showing me what Christmas is really about. Now I know that it doesn't matter if I'm alone or not. The most important thing is the friendship and love we share."

The animals clapped and said, "Merry Christmas, Lupo!"

From that night on, Lupo no longer felt alone. He knew that even though he didn't have a family, he had many friends to share Christmas with. And every year, Lupo sang Christmas carols with his friends in the forest, happy to have found the true meaning of Christmas.

El Hombre de Nieve y el Misterio de los Regalos Perdidos

Era la víspera de Navidad en un pequeño pueblo. Los aldeanos estaban muy emocionados. Los niños jugaban en la nieve, los adultos preparaban la cena de Navidad, y todos esperaban los regalos que iban a recibir.

Pero, cuando los aldeanos fueron a ver los regalos bajo el gran árbol de Navidad, ¡se dieron cuenta de que todos los regalos habían desaparecido!

"¡Los regalos han desaparecido!" gritó una niña.

"¿Dónde están?" preguntó un hombre, preocupado.

Todos estaban muy tristes. ¿Cómo podría celebrarse la Navidad sin regalos?

En ese momento, un hombre de nieve llamado Doro, que estaba cerca del árbol, vio todo lo que sucedía. Doro era un hombre de nieve valiente y siempre estaba dispuesto a ayudar.

"No podemos dejar que la Navidad se arruine," pensó Doro. "Voy a encontrar los regalos perdidos."

Doro decidió pedir ayuda a sus amigos del bosque. Fue a ver a Fito, un zorro muy curioso, y a Susi, una ardilla muy lista.

"¡Fito! ¡Susi! Los regalos de Navidad han desaparecido. ¿Pueden ayudarnos a encontrar los regalos perdidos?" preguntó Doro.

Fito, el zorro, olió el aire y dijo: "¡Puedo oler algo extraño! Creo que los regalos están cerca."

"¡Vamos!" dijo Susi, la ardilla. "Vamos a buscar en el bosque."

Juntos, Doro, Fito y Susi empezaron a buscar por todo el pueblo y el bosque. Buscaron en los árboles, debajo de las rocas y entre la nieve. Finalmente, Fito vio algo brillante detrás de un arbusto.

"¡Aquí están los regalos!" gritó Fito.

Pero, ¿por qué estaban allí? Doro se acercó a los regalos y vio que alguien había dejado una nota. La nota decía: "Tomé los regalos para hacer una sorpresa. ¡Regresen para la fiesta!"

"¿Quién habrá dejado los regalos aquí?" se preguntó Susi.

De repente, escucharon una risa desde un árbol cercano. ¡Era un pequeño duende!

"¡Soy yo! Yo tomé los regalos para hacer una sorpresa para todos," dijo el duende, sonriendo. "Quería que la Navidad fuera aún más especial."

Los tres amigos se rieron al escuchar la historia del duende. "¡Gracias por hacer la sorpresa!" dijo Doro. "Pero, ¡los regalos tienen que estar bajo el árbol para la fiesta!"

El duende devolvió rápidamente todos los regalos al árbol de Navidad. Todos los aldeanos llegaron a tiempo para ver los regalos, y la fiesta de Navidad comenzó.

Esa noche, los aldeanos celebraron con alegría. Doro, Fito, Susi y el duende disfrutaron de la cena y cantaron villancicos alrededor del árbol.

"¡La Navidad está salva!" dijo Doro, feliz.

The Snowman and the Mystery of the Lost Gifts

It was Christmas Eve in a small village. The villagers were very excited. The children were playing in the snow, the adults were preparing the Christmas dinner, and everyone was looking forward to the gifts they would receive.

But when the villagers went to check the gifts under the big Christmas tree, they realized that all the gifts were gone!

"The gifts are gone!" shouted a little girl.

"Where are they?" asked a man, worried.

Everyone was very sad. How could Christmas be celebrated without gifts?

At that moment, a snowman named Doro, who was standing near the tree, saw everything happening. Doro was a brave snowman, always ready to help.

"We can't let Christmas be ruined," thought Doro. "I'll find the lost gifts."

Doro decided to ask his friends from the forest for help. He went to see Fito, a very curious fox, and Susi, a very clever squirrel.

"Fito! Susi! The Christmas gifts are gone. Can you help us find the lost gifts?" asked Doro.

Fito, the fox, sniffed the air and said, "I smell something strange! I think the gifts are nearby."

"Let's go!" said Susi, the squirrel. "Let's search the forest."

Together, Doro, Fito, and Susi began searching throughout the village and the forest. They looked in the trees, under rocks, and through the snow. Finally, Fito saw something shiny behind a bush.

"Here are the gifts!" shouted Fito.

But why were they there? Doro approached the gifts and saw that someone had left a note. The note said, "I took the gifts to make a surprise. Come back for the party!"

"Who could have left the gifts here?" wondered Susi.

Suddenly, they heard laughter from a nearby tree. It was a little elf!

"It was me! I took the gifts to make a surprise for everyone," said the elf, smiling. "I wanted Christmas to be even more special."

The three friends laughed when they heard the elf's story. "Thank you for making the surprise!" said Doro. "But the gifts need to be under the tree for the party!"

The elf quickly returned all the gifts to the Christmas tree. All the villagers arrived just in time to see the gifts, and the Christmas party began.

That night, the villagers celebrated joyfully. Doro, Fito, Susi, and the elf enjoyed the dinner and sang Christmas carols around the tree.

"Christmas is saved!" said Doro, happily.

Micaela y el Ratón Bailarín

Era la víspera de Navidad, y Micaela estaba muy emocionada. A ella le encantaba organizar fiestas, y este año iba a hacer la mejor fiesta de Navidad de todas. Invitó a todos sus amigos: su vecino Tomás, la abuela Rosa, y muchos otros. Todos estaban muy contentos de ir a la fiesta.

"¡Va a ser una fiesta increíble!" pensaba Micaela mientras decoraba la casa con luces y adornos de Navidad. Colocó un gran árbol de Navidad en el salón y puso una mesa llena de galletas y jugo de manzana.

La fiesta comenzó por la tarde. Todos los amigos de Micaela llegaron con sonrisas y saludos. Estaban felices, comiendo y cantando villancicos. Pero había un pequeño problema: un ratón llamado Tito había llegado sin ser invitado.

Tito era un ratón muy simpático, pero le gustaba bailar mucho. En cuanto entró en la fiesta, empezó a dar saltos y a mover sus patitas rápidamente.

"¡Miren! ¡Un ratón bailando!" gritó Tomás, riendo.

Al principio, todos pensaron que era divertido. Pero pronto, Tito empezó a bailar por todos lados. ¡Bailaba sobre la mesa, saltaba entre las sillas y corría por el árbol de Navidad!

"¡Ay, no!" dijo Micaela, preocupada. "Esto está fuera de control. ¡La fiesta se está volviendo un desastre!"

Micaela pensó rápido. "¡Tengo una idea!" dijo con una sonrisa.

Micaela corrió a la sala y puso una canción de Navidad muy alegre. Luego, llamó a Tito y le dijo: "Tito, ¿te gustaría ser el líder del baile? ¡Puedes mostrarles a todos cómo bailar!"

Tito, muy feliz, se puso de pie sobre una silla y empezó a bailar con más energía. Esta vez, todos los niños empezaron a seguir los movimientos del ratón. ¡La fiesta se llenó de risas y alegría!

"¡Bailen como Tito!" gritó Micaela.

Pronto, todos estaban bailando, girando y saltando al ritmo de la música. La fiesta se convirtió en un gran baile, con Tito como el mejor bailarín.

Al final de la fiesta, Micaela se acercó a Tito y le dio un pequeño regalo. "Gracias, Tito, por hacer nuestra fiesta tan especial. ¡Eres el mejor bailarín!"

Tito sonrió y dijo: "¡Gracias, Micaela! ¡Me divertí mucho!"

Esa noche, todos los amigos de Micaela se fueron a casa felices, con el corazón lleno de alegría y con un recuerdo especial de la fiesta de Navidad.

Micaela and the Dancing Mouse

It was Christmas Eve, and Micaela was very excited. She loved organizing parties, and this year she was going to throw the best Christmas party ever. She invited all her friends: her neighbor Tomás, Grandma Rosa, and many others. Everyone was very happy to go to the party.

"It's going to be an amazing party!" Micaela thought as she decorated the house with Christmas lights and ornaments. She put up a big Christmas tree in the living room and set a table full of cookies and apple juice.

The party started in the afternoon. All of Micaela's friends arrived with smiles and greetings. They were happy, eating and singing Christmas carols. But there was a little problem: a mouse named Tito had come to the party uninvited.

Tito was a very friendly mouse, but he loved to dance. As soon as he entered the party, he started hopping and moving his little feet quickly.

"Look! A dancing mouse!" shouted Tomás, laughing.

At first, everyone thought it was fun. But soon, Tito started dancing all over the place. He danced on the table, jumped between the chairs, and even ran up the Christmas tree!

"Oh no!" said Micaela, worried. "This is getting out of control. The party is turning into a disaster!"

Micaela thought quickly. "I have an idea!" she said with a smile.

Micaela ran to the living room and played a very happy Christmas song. Then she called Tito over and said, "Tito, would you like to be the leader of the dance? You can show everyone how to dance!"

Tito, very happy, stood on a chair and began dancing with even more energy. This time, all the children started following the mouse's moves. The party was filled with laughter and joy!

"Dance like Tito!" shouted Micaela.

Soon, everyone was dancing, spinning, and jumping to the rhythm of the music. The party turned into a big dance party, with Tito as the best dancer.

At the end of the party, Micaela went up to Tito and gave him a small gift. "Thank you, Tito, for making our party so special. You're the best dancer!"

Tito smiled and said, "Thank you, Micaela! I had so much fun!"

That night, all of Micaela's friends went home happy, with their hearts full of joy and a special memory of the Christmas party.

La Carta de Navidad de Nico

Nico era un niño curioso y amable. Cada año, en Navidad, escribía una carta a Papá Noel. Pero este año, tuvo una idea diferente.

"Mamá, ¿qué pasa con los animales del Polo Norte?" preguntó Nico. "Ellos ayudan a Papá Noel, pero nunca reciben cartas."

"Es verdad, Nico," dijo su mamá, sonriendo. "Tal vez deberías escribirles una carta."

Nico tomó papel y lápiz. Se sentó junto a la chimenea y comenzó a escribir.

"Queridos animales del Polo Norte,"

"Gracias por ayudar a Papá Noel todos los años. Sin ustedes, los regalos no llegarían a tiempo. ¿Cuál es su comida favorita? ¿Qué les gusta hacer después de Navidad?"

"Con cariño, Nico."

Nico puso la carta en un sobre y escribió: "Para los animales del Polo Norte." Luego, la dejó en el buzón.

Al día siguiente, algo increíble sucedió. Una pequeña ardilla apareció en su ventana con una carta brillante.

"Nico, los animales del Polo Norte han recibido tu carta," dijo la ardilla. "Quieren que vengas a visitarlos. ¡Sube a mi trineo mágico!"

Nico estaba emocionado. Se puso su abrigo y sus botas y salió corriendo. La ardilla lo llevó en el trineo mágico al Polo Norte.

Cuando llegaron, un grupo de animales lo estaba esperando: renos, pingüinos, zorros árticos y un oso polar grande y amable.

"¡Bienvenido, Nico!" dijo el oso polar. "Gracias por pensar en nosotros. Nadie nos había escrito una carta antes."

"De nada," respondió Nico. "Quería agradecerles por su trabajo duro."

Los animales le mostraron el Polo Norte. Vio cómo los renos practicaban volar, cómo los pingüinos envolvían regalos con papel brillante y cómo los zorros organizaban las cartas de los niños.

"Trabajamos mucho," explicó un reno, "pero siempre nos divertimos juntos."

Nico sonrió. "Es increíble cómo trabajan como un equipo."

Después, los animales organizaron una fiesta para Nico. Había chocolate caliente y galletas de jengibre. Nico también les regaló zanahorias a los renos, pescado a los pingüinos y miel al oso polar.

"Gracias, Nico," dijeron los animales. "Nos has hecho muy felices."

Cuando regresó a casa, Nico se sintió muy contento. Había aprendido que la Navidad no era solo recibir regalos, sino también dar las gracias y trabajar en equipo.

Esa noche, Nico escribió otra carta:

"Queridos amigos del Polo Norte, gracias por mostrarme su mundo. ¡Nunca olvidaré mi visita!"

Y así, Nico tuvo la mejor Navidad de su vida.

Nico's Christmas Letter

Nico was a curious and kind boy. Every year at Christmas, he wrote a letter to Santa Claus. But this year, he had a different idea.

"Mom, what about the North Pole animals?" Nico asked. "They help Santa, but they never get any letters."

"That's true, Nico," his mom said, smiling. "Maybe you should write them a letter."

Nico grabbed some paper and a pencil. He sat by the fireplace and began to write.

"Dear North Pole animals,"

"Thank you for helping Santa every year. Without you, the gifts wouldn't arrive on time. What's your favorite food? What do you like to do after Christmas?"

"With love, Nico."

Nico put the letter in an envelope and wrote: "For the North Pole animals." Then he left it in the mailbox.

The next day, something amazing happened. A small squirrel appeared at his window with a shiny letter.

"Nico, the North Pole animals received your letter," said the squirrel. "They want you to visit them. Hop on my magic sled!"

Nico was thrilled. He put on his coat and boots and ran outside. The squirrel took him on the magic sled to the North Pole.

When they arrived, a group of animals was waiting for him: reindeer, penguins, arctic foxes, and a big, friendly polar bear.

"Welcome, Nico!" said the polar bear. "Thank you for thinking of us. No one has ever written us a letter before."

"You're welcome," Nico replied. "I wanted to thank you for all your hard work."

The animals showed Nico around the North Pole. He saw how the reindeer practiced flying, how the penguins wrapped gifts with shiny paper, and how the foxes organized children's letters.

"We work hard," explained a reindeer, "but we always have fun together."

Nico smiled. "It's amazing how you all work as a team."

Afterward, the animals threw a party for Nico. There was hot chocolate and gingerbread cookies. Nico also gave carrots to the reindeer, fish to the penguins, and honey to the polar bear.

"Thank you, Nico," said the animals. "You've made us very happy."

When Nico returned home, he felt so happy. He had learned that Christmas wasn't just about receiving gifts but also about giving thanks and working together.

That night, Nico wrote another letter:

"Dear North Pole friends, thank you for showing me your world. I'll never forget my visit!"

And so, Nico had the best Christmas of his life.

La Magia de las Campanas de Nieve

En un pequeño pueblo de montaña, había unas campanas muy especiales. Estas campanas colgaban en la plaza del pueblo y eran antiguas, hechas de hielo brillante.

La gente del pueblo decía que las campanas solo sonaban para alguien con un corazón puro. Pero nadie las había escuchado tocar en muchos años.

Lucía era una niña tímida que vivía en el pueblo. Siempre ayudaba a los demás, pero le daba vergüenza hablar con mucha gente.

En la víspera de Navidad, comenzó a nevar mucho. Lucía estaba caminando a casa después de visitar a su abuela. De repente, el viento se hizo más fuerte y la nieve cubrió el camino.

"¡Oh, no! ¿Dónde estoy?" dijo Lucía. Estaba perdida en la tormenta de nieve.

Caminó y caminó, buscando el camino al pueblo, pero no lo encontraba. Entonces, vio algo brillante a lo lejos.

Era la plaza del pueblo y las campanas de nieve. Lucía se acercó y miró las campanas.

"Por favor, campanas, ayúdenme," susurró Lucía.

De repente, las campanas comenzaron a sonar. Era un sonido suave y hermoso, como un canto mágico. La nieve dejó de caer y las nubes se separaron. Las luces de las casas del pueblo aparecieron en el horizonte.

Los aldeanos escucharon el sonido de las campanas y corrieron a la plaza. Encontraron a Lucía allí, con una gran sonrisa.

"¡Las campanas de nieve han sonado!" dijeron los aldeanos. "Lucía, tú tienes un corazón puro. ¡Has traído magia al pueblo!"

Lucía se sonrojó. "Solo estaba perdida," dijo. "Las campanas me ayudaron."

Esa noche, los aldeanos invitaron a Lucía a la fiesta de Navidad en la plaza. Todos cantaron villancicos, comieron galletas y rieron juntos.

Lucía aprendió que su bondad y valentía habían unido al pueblo. Y desde entonces, las campanas de nieve tocaron cada Navidad, recordando a todos que el corazón puro de una persona puede traer magia y alegría.

The Magic of the Snow Bells

In a small mountain village, there were some very special bells. These bells hung in the town square and were ancient, made of shining ice.

The villagers said the bells only rang for someone with a pure heart. But no one had heard them ring in many years.

Lucía was a shy girl who lived in the village. She always helped others, but she was too shy to talk to many people.

On Christmas Eve, it began to snow heavily. Lucía was walking home after visiting her grandmother. Suddenly, the wind grew stronger, and the snow covered the path.

"Oh no! Where am I?" Lucía said. She was lost in the snowstorm.

She walked and walked, searching for the way back to the village, but she couldn't find it. Then, she saw something shining in the distance.

It was the town square and the snow bells. Lucía went closer and looked at the bells.

"Please, bells, help me," Lucía whispered.

Suddenly, the bells began to ring. It was a soft and beautiful sound, like a magical song. The snow stopped falling, and the clouds parted. The lights from the village houses appeared on the horizon.

The villagers heard the sound of the bells and ran to the square. They found Lucía there, with a big smile on her face.

"The snow bells have rung!" the villagers said. "Lucía, you have a pure heart. You've brought magic to the village!"

Lucía blushed. "I was just lost," she said. "The bells helped me."

That night, the villagers invited Lucía to the Christmas party in the square. Everyone sang carols, ate cookies, and laughed together.

Lucía learned that her kindness and bravery had brought the village together. And from that Christmas on, the snow bells rang every year, reminding everyone that the pure heart of one person can bring magic and joy.

El Gran Concurso de Galletas de Navidad

En el pequeño pueblo de Dulcinea, el Concurso de Galletas de Navidad era el evento más esperado del año. Todos los vecinos preparaban sus mejores recetas y decoraban galletas con azúcar, chocolate y colores brillantes.

María, una niña que soñaba con ser panadera, estaba emocionada. "Este año voy a participar," dijo con una gran sonrisa.

"¡Buena suerte, María!" le dijo su mamá. "Sé creativa y diviértete."

El día del concurso, la plaza del pueblo estaba llena de mesas con galletas de todos los tamaños y formas. Pero algo especial estaba a punto de suceder.

Esa noche, un grupo de pequeños duendes llegó al pueblo. Eran los ayudantes de Papá Noel, y tenían una idea traviesa.

"¿Qué tal si participamos en el concurso?" dijo uno de los duendes, guiñando un ojo.

María estaba decorando sus galletas cuando escuchó una pequeña voz. "¡Hola!"

Era un duende llamado Rico, con un sombrero verde y una sonrisa traviesa.

"¿Quién eres tú?" preguntó María, sorprendida.

"Soy Rico, y quiero ayudarte a hacer las galletas más mágicas del concurso," dijo el duende.

María aceptó con entusiasmo. Juntos, comenzaron a mezclar ingredientes mágicos: polvo de estrellas, miel dorada y una pizca de brillo navideño.

Cuando las galletas salieron del horno, eran increíbles. Tenían formas de estrellas que brillaban, árboles de Navidad que olían a pino y muñecos de nieve que parecían sonreír.

Cuando llegó el momento de presentar las galletas, todos en el pueblo quedaron asombrados. "¡Nunca hemos visto algo tan bonito!" dijeron los jueces.

Pero Rico tenía una idea. "María, ¿y si compartimos las galletas con todos? La Navidad no se trata de ganar, sino de compartir alegría."

María estuvo de acuerdo. Ella y Rico comenzaron a repartir las galletas a los niños, a los ancianos y a todos los vecinos del pueblo.

Esa noche, todos comieron galletas mágicas y se sintieron felices.

"Gracias, María," dijo Rico antes de despedirse. "Has hecho de esta Navidad algo especial."

María sonrió. No ganó el concurso, pero aprendió que la verdadera magia de la Navidad es compartir y crear momentos felices con los demás.

The Great Christmas Cookie Contest

In the small town of Dulcinea, the Christmas Cookie Contest was the most anticipated event of the year. All the neighbors prepared their best recipes and decorated cookies with sugar, chocolate, and bright colors.

María, a girl who dreamed of becoming a baker, was excited. "This year I'm going to participate," she said with a big smile.

"Good luck, María!" her mom said. "Be creative and have fun."

On the day of the contest, the town square was filled with tables showcasing cookies of all shapes and sizes. But something special was about to happen.

That night, a group of little elves arrived in the town. They were Santa's helpers, and they had a mischievous idea.

"What if we join the contest?" one of the elves said, winking.

María was decorating her cookies when she heard a tiny voice. "Hello!"

It was an elf named Rico, wearing a green hat and a mischievous smile.

"Who are you?" María asked, surprised.

"I'm Rico, and I want to help you make the most magical cookies in the contest," said the elf.

María eagerly agreed. Together, they began mixing magical ingredients: stardust, golden honey, and a pinch of Christmas sparkle.

When the cookies came out of the oven, they were incredible. They had shapes of glowing stars, Christmas trees that smelled like pine, and snowmen that seemed to smile.

When it was time to present the cookies, everyone in town was amazed. "We've never seen anything so beautiful!" the judges exclaimed.

But Rico had an idea. "María, what if we share the cookies with everyone? Christmas isn't about winning; it's about spreading joy."

María agreed. She and Rico began handing out cookies to the children, the elderly, and all the neighbors in the town.

That night, everyone enjoyed magical cookies and felt happy.

"Thank you, María," Rico said before saying goodbye. "You've made this Christmas something special."

María smiled. She didn't win the contest, but she learned that the true magic of Christmas is sharing and creating joyful moments with others.

El Misterio de la Estrella de Navidad

En el pueblo de Estrella Blanca, cada Navidad, una estrella muy bonita brillaba en la cima del árbol de Navidad. Todos los años, la estrella hacía que el árbol fuera especial. Pero, en la víspera de Navidad de este año, ¡la estrella desapareció!

Clara, una niña valiente, estaba muy sorprendida. "¡¿Dónde está la estrella?!", dijo ella. "Tenemos que encontrarla."

Clara decidió pedir ayuda a su mejor amigo, Mateo. Juntos, comenzaron a buscar la estrella. Fueron al árbol de Navidad, pero no estaba allí.

"¿Qué vamos a hacer?" dijo Mateo. "¿Dónde puede estar la estrella?"

De repente, una nieve mágica empezó a caer del cielo. Cada copo de nieve tenía una cara y hablaba. "¡Síguenos!", dijeron los copos de nieve. "Nosotros sabemos dónde está la estrella."

Clara y Mateo siguieron a los copos de nieve hasta el bosque. Mientras caminaban, encontraron a un mapache travieso que les mostró un camino secreto. El mapache les dijo, "La estrella está cerca, pero hay que cruzar el bosque nevado."

Pronto, encontraron una lámpara mágica. La lámpara brillaba y les iluminaba el camino. "Esta lámpara nos llevará a la estrella," dijo Clara.

Después de caminar mucho, llegaron a una pequeña cabaña. Allí, vieron a un hombre mayor que estaba triste. Él tenía la estrella en sus manos.

"¿Por qué tienes la estrella?" le preguntó Clara.

El hombre suspiró. "La estrella estaba en el árbol, pero ya nadie me quiere. Pensé que la estrella podía ser mía, para que al menos algo brillara en mi vida."

Clara y Mateo se sintieron muy tristes. "¡No es cierto! El pueblo te quiere. Todos te extrañan," dijo Mateo.

Clara sonrió. "¡Vamos de vuelta al pueblo! Todos estarán muy felices de verte."

Juntos, Clara, Mateo y el hombre regresaron al pueblo. Los vecinos estaban muy contentos de ver al hombre y lo recibieron con abrazos y sonrisas.

Clara y Mateo pusieron la estrella de nuevo en el árbol, y el árbol brilló más que nunca. El hombre se dio cuenta de que no estaba solo y que todos en el pueblo lo querían mucho.

Esa noche, el pueblo celebró juntos. Todos entendieron que la Navidad es un momento para estar juntos, cuidar a los demás y compartir alegría.

The Christmas Star Mystery

In the town of Estrella Blanca, every Christmas, a beautiful star shone brightly at the top of the Christmas tree. Every year, the star made the tree special. But, on Christmas Eve this year, the star disappeared!

Clara, a brave girl, was very surprised. "Where is the star?!" she said. "We have to find it."

Clara decided to ask her best friend Mateo for help. Together, they started searching for the star. They went to the Christmas tree, but it wasn't there.

"What are we going to do?" said Mateo. "Where could the star be?"

Suddenly, magical snow began to fall from the sky. Each snowflake had a face and could talk. "Follow us!" the snowflakes said. "We know where the star is."

Clara and Mateo followed the snowflakes into the forest. As they walked, they met a mischievous raccoon who showed them a secret path. The raccoon said, "The star is near, but you have to cross the snowy forest."

Soon, they found a magical lantern. The lantern glowed and lit their way. "This lantern will lead us to the star," Clara said.

After walking for a long time, they arrived at a small cabin. There, they saw an old man who looked sad. He was holding the star in his hands.

"Why do you have the star?" Clara asked.

The man sighed. "The star was on the tree, but no one wants me anymore. I thought the star could be mine, so at least something would shine in my life."

Clara and Mateo felt very sad. "That's not true! The town loves you. Everyone misses you," said Mateo.

Clara smiled. "Let's go back to the village! Everyone will be so happy to see you."

Together, Clara, Mateo, and the man returned to the village. The neighbors were very happy to see the man and welcomed him with hugs and smiles.

Clara and Mateo placed the star back on the tree, and the tree shone brighter than ever. The man realized he was not alone and that everyone in the town loved him very much.

That night, the town celebrated together. Everyone understood that Christmas is a time to be together, take care of each other, and share joy.

El Adorno Mágico

Tomás era un niño que amaba decorar su árbol de Navidad. Todos los años, él y su familia ponían muchas decoraciones bonitas. Pero este año, el árbol parecía más pequeño y menos grande. No podían comprar muchas decoraciones porque no tenían mucho dinero.

Tomás se sentó junto al árbol y se sintió triste. "Este árbol no es tan bonito como los de otros años," pensó. "¿Qué puedo hacer para hacerlo especial?"

Decidió salir a caminar. Mientras caminaba por la nieve, vio algo brillante en el suelo. Se acercó y encontró un adorno mágico. El adorno brillaba con una luz suave y colorida.

"¡Vaya, qué bonito!" dijo Tomás. "Voy a ponerlo en mi árbol."

Tomás colgó el adorno en su árbol de Navidad. De repente, algo increíble sucedió. El árbol comenzó a brillar y las ramas empezaron a moverse. ¡El árbol estaba vivo!

Cada rama del árbol comenzó a contar una historia. La primera rama habló sobre los bastones de caramelo. "Hace mucho tiempo," dijo la rama, "una anciana hizo los primeros bastones de caramelo para los niños. Ella quería que los niños recordaran a los pastores que visitaron al niño Jesús."

Otra rama habló sobre los renos. "Santa Claus tiene renos mágicos que pueden volar," explicó la rama. "Hace muchos años, los renos ayudaron a Santa Claus a entregar los regalos a todos los niños del mundo."

Tomás escuchó atentamente y aprendió muchas historias sobre la Navidad. Pero el árbol también le enseñó algo muy importante. "La mejor decoración de todos los años no es la que compras," dijo una rama, "es el amor, la risa y estar con la familia."

En la mañana de Navidad, la magia desapareció. El árbol volvió a ser normal, pero Tomás tenía el corazón lleno de alegría. Sabía que el verdadero espíritu de la Navidad no venía de las cosas caras, sino de estar juntos y compartir momentos especiales con las personas que amas.

The Magic Ornament

Tomás was a boy who loved decorating his Christmas tree. Every year, he and his family put many beautiful decorations on the tree. But this year, the tree looked smaller and less grand. They couldn't buy many decorations because they didn't have much money.

Tomás sat next to the tree and felt sad. "This tree isn't as pretty as the ones from other years," he thought. "What can I do to make it special?"

He decided to go for a walk. While walking in the snow, he saw something shiny on the ground. He went closer and found a magic ornament. The ornament glowed with a soft, colorful light.

"Wow, how beautiful!" said Tomás. "I'm going to put it on my tree."

Tomás hung the ornament on his Christmas tree. Suddenly, something amazing happened. The tree began to shine, and the branches started moving. The tree was alive!

Each branch of the tree began to tell a story. The first branch talked about candy canes. "A long time ago," said the branch, "an old woman made the first candy canes for children. She wanted the children to remember the shepherds who visited baby Jesus."

Another branch talked about reindeer. "Santa Claus has magic reindeer that can fly," explained the branch. "Many years ago, the reindeer helped Santa Claus deliver gifts to all the children in the world."

Tomás listened carefully and learned many stories about Christmas. But the tree also taught him something very important. "The best decoration of all isn't the one you buy," said a branch. "It's love, laughter, and being with family."

On Christmas morning, the magic faded. The tree became normal again, but Tomás's heart was full of joy. He knew that the true spirit of Christmas didn't come from expensive things, but from being together and sharing special moments with the people you love.

La Copo de Nieve Perdida

En el pequeño pueblo de Nieve Brillante, cada Nochebuena, el primer copo de nieve de la temporada cae del cielo y se posa en el árbol más grande de la plaza del pueblo. Se dice que este copo trae suerte y alegría a todos en el pueblo. ¡Pero este año, el copo se pierde en su camino hacia abajo!

Lucía, una niña curiosa y valiente, decide buscar el copo perdido. Junto con su hermano pequeño, Pablo, van al bosque nevado para encontrarlo. Mientras caminan, conocen a muchos animales del bosque. Un búho sabio les da pistas y un conejo tímido les ayuda a encontrar caminos secretos.

A medida que se acercan a la plaza del pueblo, encuentran a un hombre mayor y gruñón. Él está enojado porque cree que el copo de nieve es la razón por la que no ha tenido una buena Navidad en muchos años. Lucía y Pablo escuchan su historia y le ayudan a entender que la verdadera magia de la Navidad no viene de un copo de nieve, sino de la amabilidad y la alegría de ayudar a los demás.

Juntos, Lucía, Pablo y el hombre regresan a la plaza del pueblo, donde el copo de nieve finalmente cae en el árbol. Todos celebran juntos. El hombre gruñón sonríe por primera vez en muchos años, y Lucía y Pablo aprenden lo importante que es la amabilidad, la compasión y compartir el espíritu navideño con los demás.

The Lost Snowflake

In the small town of Nieve Brillante, every Christmas Eve, the first snowflake of the season falls from the sky and lands on the tallest tree in the town square. It is said that this snowflake brings luck and joy to everyone in the town. But this year, the snowflake gets lost on its way down!

Lucía, a curious and brave girl, decides to find the missing snowflake. Along with her little brother, Pablo, they venture into the snowy forest to search for it. Along the way, they meet many friendly forest animals. A wise owl gives them clues, and a shy rabbit helps them find hidden paths.

As they get closer to the town square, they encounter a grumpy old man. He is angry because he believes the snowflake is the reason he hasn't had a good Christmas in many years. Lucía and Pablo listen to his story and help him realize that the true magic of Christmas doesn't come from one snowflake, but from kindness and the joy of helping others.

Together, Lucía, Pablo, and the old man return to the town square, where the snowflake finally lands on the tree. Everyone celebrates together. The grumpy old man smiles for the first time in many years, and Lucía and Pablo learn the importance of kindness, compassion, and sharing the Christmas spirit with others.